TUTU CALIXTE PONTIFE

La forêt dans la conception africaine:

TUTU CALIXTE PONTIFE

La forêt dans la conception africaine:

un véritable sacerdoce écologique

Éditions Vie

Imprint
Any brand names and product names mentioned in this book are subject to trademark, brand or patent protection and are trademarks or registered trademarks of their respective holders. The use of brand names, product names, common names, trade names, product descriptions etc. even without a particular marking in this work is in no way to be construed to mean that such names may be regarded as unrestricted in respect of trademark and brand protection legislation and could thus be used by anyone.

Cover image: www.ingimage.com

Publisher:
Éditions Vie
is a trademark of
Dodo Books Indian Ocean Ltd. and OmniScriptum S.R.L publishing group

120 High Road, East Finchley, London, N2 9ED, United Kingdom
Str. Armeneasca 28/1, office 1, Chisinau MD-2012, Republic of Moldova, Europe
Printed at: see last page
ISBN: 978-613-9-59194-7

LA FORET DANS LA CONCEPTION AFRICAINE : UN VERITABLE SACERDOCE ECOLOGIQUE

Par

TUTU CALIXTE PONTIFE

Préface de l'Abbé Prof. Emmanuel KIKAR NSUKA

Doctorant en philosophie

(La photo ci-contre nous fait voir le sacerdoce de la forêt vis-à-vis de l'écologie. C'est la forêt du Petit Séminaire Saint Charles LWANGA de KATENDE situé dans le Diocèse de KENGE, pépinière écologique, presbytérale pour l'Eglise Catholique romaine)

REMERCIEMENTS

Je tiens à remercier le Seigneur Dieu, Créateur du ciel et de la terre pour le don de l'existence dont je suis bénéficiaire.

A mon papa **GADO Camille** et ma feue maman **TUTU Nicole**, retrouvent ici une considération la plus extrême.

A mon papa **Boris SELEMANI** et ma maman **Bibi ANTORABA**, je tiens à vous remercier pour votre soutien tant moral que matériel dans ma vie.

A mes frères, sœurs, cousins, cousines, neveux, nièces retrouvent de même dans cet ouvrage une attention la plus remarquable.

A l'Abbé Professeur **Emmanuel KIKAR NSUKA**, recevez mes vifs remerciements pour votre grande disponibilité de préfacer cet ouvrage accompagné de la pertinence et de la bravoure scientifiques.

A **Jonathan KISILA**, à **Salomon KAPAYA**, à **Karl MULOBO**, à **Bosco KATHAMBWE**, à **Christopher BWANGANGA**, à **Daril FRIYAN, à Jean-Jacques MAKABU,** à **Jean MAYO, Jancy KILANGA,** à **Arnold UKONDALEMBA,** à **Raphaël BOMBI,** à **Achille MAFUTA,** à **Blaise BUNGESI,** à **Credo NDOMBE**, à **Exaucé BIKINDI**, à **Yves MBWATA**, à **Richelieu MAKIESE,** à **Claver MAKUKA**, à **Luba MAKELELE** recevez de même mes remerciements les plus distingués pour votre esprit d'ouverture et surtout pour votre sens d'amitié.

TUTU CALIXTE PONTIFE

Auteur et thuriféraire de la raison

DEDICACE

- Je dédie cet ouvrage au **Petit Séminaire Saint Charles LWANGA de KATENDE** dont la forêt a été pour nous un cadre idéal pour notre maturation humaine et intellectuelle.
- Je dédie cet ouvrage à Mgr **Jean-Pierre KWAMBAMBA MASI**, l'Evêque du Diocèse de KENGE pour son soutien paternel.
- Je dédie cet ouvrage à l'Abbé **Patience KIVUDI**, Recteur du Petit Séminaire Saint Charles LWANGA de KATENDE pour son sens de fraternité envers moi.
- Je dédie cet ouvrage à l'Abbé **Jean-Willy KINDANDA**, Recteur du Grand Séminaire Saint Cyprien/ KIKWIT pour son sens paternel envers moi.

TUTU CALIXTE PONTIFE

Auteur et thuriféraire de la raison

PREFACE

« La forêt dans la conception africaine : un véritable sacerdoce écologique ».

Le bonheur et l'homme me sont de préfacer l'ouvrage qui met en avant ce qui n'est nullement reconnu sur l'Afrique. Celle-ci, perçue au seul plan de la danse, peut donner à l'humanité plus qu'elle ne le pense.

Ceci dit, j'invite le lecteur à une chaleureuse et fructueuse lecture de l'ouvrage afin de découvrir et de percevoir la pertinence actuelle et la nécessité de l'écologie africaine.

Oui, le titre éloquent et provocateur du livre exhorte à l'optimisme et résonne comme une véritable plaidoyerie de l'essentiel, de l'être du cosmos, en général, et de l'écologie en particulier.

En effet, la mutation actuelle miroite le rêve du bien-être de l'homme au mépris de la nature. Tout semble avoir raison par l'exploiter et la considérer comme un fonds de réserve à mettre au service de l'homme qui, lui, aussi est faisant partie des étants du cosmos.

De son côté, la nature exige son droit à la parole et au respect par un vivre harmonieux.

Dès lors, l'ouvrage « La forêt dans la conception africaine : un véritable sacerdoce écologique » tombe à point nommé. Il mérite d'être lu d'un bout à l'autre, afin de découvrir le rôle prépondérant et incontournable que la forêt incarne en tant qu'elle comporte le « sauf », « le sacré », l'être qui mérite attention pour le bien-être du cosmos et de son équilibre.

Je suis persuadé que ceux qui liront ce livre ne manqueront pas de tirer de leçons utiles pour la vie aussi de l'homme, de la société que du monde. Je souhaite donc aux lecteurs un bon voyage dans la forêt africaine pour en voir la pertinence et l'actualité. Plein succès à l'ouvrage.

Abbé Prof. Emmanuel KIKAR NSUKA

Doctorant en philosophie

0. INTRODUCTION GENERALE

S'il faut rendre justice aux thérapeutes africains concernant leur vraie identité, nous dirons que ceux-ci sont des écologistes de la première heure. Leur logique clinique traditionnelle est de prime abord une logique spatiale. Car, pour eux, **la gestion de la forêt est un véritable sacerdoce écologique.**

Certes, la forêt dans la conception africaine est un véritable sacerdoce écologique; autrement dit, une vocation qui exprime une utilité véritable ayant une susceptibilité remarquable pour l'écologie. Cette forêt, œuvre divine (*Genèse 1, 11-13 : Dieu dit : que la terre verdisse de verdure : des herbes portant semence et il en fut ainsi (...) des arbres donnant selon leur espèce les fruits contenant leur semence ...)* reste un don permanent confié à l'homme pour que celui-ci entretienne sa forme et pénètre sa sagesse ainsi que sa haute spiritualité afin de récolter des résultats adéquats et satisfaisants pour son propre bien.

Pour ce, il est impérieux sans doute de faire l'interprétation psychologique de la forêt; laquelle doit conduire l'homme africain à comprendre ladite forêt comme centre de **guérison thérapeutique et poumon des autres bienfaits** ; puis qu'elle est l'expression de la richesse donnée par Dieu. Elle rappelle de même le jardin paradisiaque où le premier homme a vécu. La forêt offre à l'homme africain plusieurs possibilités du bonheur. Sa désacralisation et sa mauvaise exploitation pour des fins économiques doivent appauvrir et affaiblir sensiblement l'Afrique. Car, elle est la sœur permanente de l'homme africain. Elle vit avec lui, le nourrit, lui fournit beaucoup d'atouts exceptionnels pour le maintien de sa vie. Elle lui sert d'un aspect spirituel (appareil cérémoniel) pour entrer en relation avec le monde transcosmique et pour curer sa partie substantielle (âme, esprit), d'un aspect culinaire pour satisfaire son corps, d'un aspect transpharmacologique pour soigner son corps, etc.

Cette investigation scientifique est une invitation remarquable pour tout homme africain et étranger de revoir l'esprit de surexploitation qu'on adresse à la forêt africaine. Etant donné qu'elle réclame jusqu'aujourd'hui sa virginité perdue depuis les années à cause de l'irrationalité appliquée par l'homme africain et étranger sur elle. Il est l'heure de revoir la désacralisation faite à la forêt africaine avant que les désastres naturels ne se prononcent. Ainsi donc, nous vous souhaitons bon voyage dans la forêt africaine.

(Qui peut douter de cette affirmation ? Il est plus aisé à affirmer que la forêt est un trésor pour l'Afrique ; un vrai sacerdoce écologique)

CHAPITRE I. LA DESACRALISATION FAITE A LA FORET AFRICAINE : UN APPEL VIBRANT AUX DESASTRES NATURELS.

Ceci nous conduit à dénoncer la surexploitation irrationnelle faite à la forêt africaine sans l'idée des désastres naturels que l'homme africain peut vivre.

En effet, Dieu a donné à l'Afrique des grandes forêts importantes qui couvrent une myriade de richesses qui sont susceptibles à ériger la vie de tout Africain. Ces forêts ont besoin d'un entretien efficace de la part de l'homme africain puisqu'elle constitue pour lui, une grande richesse irremplaçable. Mais comment définir la forêt dans la conception africaine ?

La forêt est un milieu naturel où vivent une multitude d'espèces animales et végétales. Elles ont toutes, besoin les unes des autres, mais aussi de la forêt pour vivre. On dit qu'une forêt est un écosystème. Il existe des liens très forts entre les différents éléments d'un écosystème[1]. Dans l'Afrique, la forêt est un écosystème ; puis qu'elle est un ensemble formé par une association ou communauté d'êtres vivants (biocénose) et son environnement biologique, géologique, édaphique, hydrologique, climatique. Elle confie son importance à tous les êtres en ce sens:

- ***Aux animaux,*** elle accorde son hospitalité, ses éléments culinaires, pharmacologiques, oxygénés pour la survie de chaque animal vivant dans cette forêt.
- ***A l'homme***, elle accorde de même son hospitalité (aux pygmées, aux hommes vivant dans des séminaires catholiques pour l'obtention d'une formation solide), ses éléments culinaires (champignons, la fougère, le fil amère, les chenilles, etc.), pharmacologiques (les racines thérapeutiques), oxygénés pour la saine respiration de l'homme.

La forêt absorbe le carbone et réapprovisionne en oxygène l'air que nous respirons. Elle règle le débit des cours d'eau dans les sols et en libérant graduellement dans les cours d'eau et les rivières, qui constituent leurs bassins hydrographiques. La porosité des sols forestiers permet la circulation de l'eau et de l'air sous terre, indispensable au développement des racines. Tout cela se réalise grâce à la présence de la forêt. Cette dernière porte plusieurs fonctions indispensables entre autres :

---

[1] Www. Google. Com

1. ***La production de bois :*** la forêt offre à l'homme une quantité voulue de bois en vue de réaliser ses projets sur la fabrication des papiers, pour le service culinaire, et tant d'autres. Elle montre toujours son indispensabilité à l'homme quand elle lui offre ces éléments cités ci-haut.
2. ***La protection de la biodiversité :*** elle protège la biodiversité grâce à ses éléments qu'elle porte.
3. ***Accueil du public :*** elle offre son hospitalité à l'homme dans toutes les façons. Elle porte un atout touristique pour la culture humaine ; elle favorise une bonne éducation aux enfants et aux adultes qui y résident dans le contexte didactique (les maisons de formation, les cases initiatiques, ...)
4. ***La protection contre les risques naturels :*** si aujourd'hui nous vivons les catastrophes naturelles notamment: les pluies diluviennes, les érosions, les ravins, ... c'est parce que l'homme lui-même a fait éloigner la forêt de son cercle vital. Il a justement omis son indispensabilité pour la protection contre les risques naturels.
5. ***La protection des ressources en eau :*** grâce aux feuillages, aux écorces et la litière abondante, les forêts ralentissent la dispersion de l'eau et favorisent une infiltration lente, mais complète, de l'eau de pluie ; il faut également rappeler la capacité des arbres à retenir d'autres types de précipitations, comme le brouillard, qui peuvent être recueillies et stockées pour utilisation ultérieure. C'est la combinaison de ces éléments qui rend possible, dans des milieux apparemment très arides, le stockage d'importantes quantités d'eau dans le sol, lesquelles peuvent alors faire survivre arbres et forêts dans des conditions souvent mauvaises. En réduisant l'érosion, les forêts assurent également le nettoyage de l'eau naturelle[2] et protège en même temps le sol.
6. ***La protection du sol :*** le couvert forestier ralentit le vent, tandis que son dense réseau de racines maintient le sol en place ; ce qui limite l'érosion, réduit les glissements de terrain et chutes de pierres et, dans les climats froids, les risques d'avalanche. En combinant le ralentissement de la dispersion de l'eau et son captage pour les nappes phréatiques et intermédiaires, les forêts assurent un effet tampon qui réduit les phénomènes de crue ou les importants arrachements de bergers des cours d'eau[3].

---

[2] Www. Google. Com

[3] *Idem.*

7. ***Atténuation du climat local et réduction des retombées des émissions de gaz :*** en contrôlant la vitesse du vent et les flux d'air, la forêt a une incidence sur la circulation locale de l'air et piéger les polluants. La forêt assure un effet protecteur indéniable pour les populations voisines et surtout pour les cultures. C'est une capacité qui est utilisée dans la protection des zones habitées, souvent à proximité des zones industrielles ou en forestière urbaine[4].
8. ***La conservation de l'habitat naturel et de la diversité biologique***
9. ***La fonction récréative et les autres fonctions sociales des forêts***
10. ***La prévention de l'érosion culturelle*** *(par la protection des forêts)***:** l'évolution de l'économie forestière locale et mondiale fait peser les menaces sur d'autres fonctions protectrices des forêts naturelles dans les régions en voie de développement, c'est-à-dire là où les forêts ont gardé leurs fonctions culturelles et religieuses. Le maintien de la dimension culturelle des fonctions protectrices des forêts constitue un défi pour la forestière du XXe Siècle qui ne peut ignorer ces besoins.

Pour dire avec beaucoup de précisions, la forêt n'est pas à repousser du cercle vital de l'homme; elle doit être considérée comme son intimité particulière. Celui-ci l'exploitant du point de vue « bois », doit avoir l'idée du reboisement. Il ne suffit pas seulement d'en tirer profit en la vidant de son essence, chose qui pourra susciter des conséquences ultérieures, mais de lui récompenser en la rendant immortelle avec le reboisement (la plantation d'un arbre par mois servira à immortaliser nos forêts africaines et pourra les rajeunir). Pour comprendre sa grande participation dans la vie de l'homme, arrêtons-nous un peu et réfléchissons sur l'oxygène gratuit qu'elle confie à l'homme.

I.1. La Forêt : grande source d'oxygène

La forêt absorbe le carbone et réapprovisionne en oxygène l'air que nous respirons. Elle règle le débit des cours d'eau dans les sols et en libérant graduellement dans les cours d'eau et les rivières, qui constituent leurs bassins hydrographiques.

Certes, actuellement dans notre pays la RDC, les milieux forestiers sont disqualifiés par les hommes à la prétention suffisante. Ils pensent que vivre en dehors de la forêt, c'est se rendre remarquable et exceptionnel aux yeux de la société. Surtout à Kinshasa où la culture

[4] Www. Google, *Op.cit.*

forestière est combattue avec la dernière énergie et nous ne remarquons que la présence active des catastrophes naturelles qui font croitre exponentiellement les morts dans des milieux de vie. Tous, nous crions sur le Gouvernement alors que nous sommes les premiers à abattre nos arbres pour fournir les boulangeries ; nous sommes les premiers à négliger nos arbres en les détruisant inutilement pour sauvegarder nos maisons ; mais nous oublions que l'oxygène qu'elle nous procure reste indispensable pour notre existence. Combien d'arbres que nous pourrons encore compter dans notre capitale la Kinshasa ? Combien de maisons qui sauvegardent encore soigneusement leurs arbres ? Les habitants ne respirent que de la pollution, car l'air est pollué. Les maladies naissent de toutes les façons à cause de prime abord de la crasse interne et en derechef de la destruction des arbres. Nous vivons avec les carbones sans effort.

Aux milieux ruraux de même, bien que la culture forestière demeure encore dans l'esprit des villageois mais il reste à combattre cet instinct qui pousse ces villageois à abattre les arbres pour en faire de la braise en vue de ravitailler Kinshasa et surtout pour réglementer les problèmes liés à la crise vitale. Certains villages n'ont plus d'arbres non plus de forêts à cause de cette surexploitation irréfléchie. On pense s'échapper de la forêt pour être compté parmi les civilisés oubliant sa grande essence qu'elle dispose à l'homme. Jadis dans nos villages congolais, il a existé une discipline écologique instaurée par les chefs du village sous-conditionnée par les mythes relatifs au spiritisme qui ont été vus bénéfiques pour le maintien de nos forêts. Cette discipline a expulsé l'esprit de la surexploitation des forêts congolaises.

I.2. Le mythe spiritiste comme base de l'équilibre écologique dans les forêts congolaises

Les autorités du village autrefois se servaient des esprits désincarnés pour les loger dans nos forêts tant africaines que congolaises en vue d'intimider tout villageois qui aurait l'esprit de la surexploitation. Rien n'éprouve que cela s'avère vrai. Mais comme scientifique, nous pouvons juger ce fait comme invitation parfaite à l'équilibre écologique. Les missionnaires blancs de même furent venus en Afrique avec la même méthodologie traditionnelle pour la protection des forêts. Ils sont passés par des méthodes d'intimidations et d'impressions pour éloigner l'Africain de toute agression faite à l'écologie. Certainement, ils avaient joué avec l'intellect africain et congolais en passant par les mythes spiritistes susceptibles à maintenir l'état pur de nos forêts africaines et congolaises.

En outre, hormis la première méthodologie traditionnelle appliquée pour sauvegarder nos forêts africaines et congolaises, il existe aussi la méthodologie moderne exprimée par les dispositions légales dont la présence dynamique stabilise jusque-là nos forêts africaines, congolaises ainsi que l'écologie.

I.3. La protection des forêts congolaises : dispositions légales

- **Loi n⁰001/2002 du 29 Août portant Code forestier en RDC[5] (abrogée)**
- **Loi n⁰ 33-2020 du 8 Juillet portant Code forestier[6].**

La présente loi **n⁰ 33-2020 du 8 Juillet**, portant Code forestier du Congo, a pour objet de fixer les principes fondamentaux d'organisation et de gestion du domaine d'exploitation et de commercialisation, applicables aux produits forestiers[7].

Par ailleurs, après avoir défini légalement la protection de nos forêts congolaises (africaines), l'honneur nous échoit de brosser succinctement les bienfaits de la forêt dans la conception africaine. Celle-ci est vue comme un vrai sacerdoce (vocation, utilité) pour l'écologie africaine ; autrement dit sans elle, l'écologie perd sa vocation (utilité) en se dénaturant.

*(Il est mieux aisé de découvrir le rôle prépondérant et incontournable que la forêt incarne en tant qu'elle comporte le « sauf », « le sacré », l'être qui mérite attention pour le bien-être du cosmos et de son équilibre dixit le **Professeur Abbé Emmanuel KIKAR NSUKA**).*

[5] Www. Google. Com
[6] *Idem.*
[7] *Idem.*

CHAPITRE II. LES BIENFAITS DE LA FORET DANS LA CONCEPTION AFRICAINE

L'Africain accorde beaucoup d'importances et d'attentions à la forêt, d'autant plus qu'elle est le poumon vital de son existence. Sans elle, il risque de ne pas alimenter son corps, son intelligence ; il risque de ne pas soigner son corps quand il se sent faible. Donc, la forêt, sœur de l'homme africain ne cesse de lui offrir beaucoup de bienfaits sur tous les plans.

II.1. Au plan spirituel

(L'image ci-contre est une figure de la forêt sacrée représentée sous-forme de mythe du point de vue spirituel)

❖ **La Forêt : une liturgie cosmique et transcosmique**

- Les arbres de la forêt offre à l'homme la possibilité d'obtenir la **Bible** ; puisque cette dernière est la fille de l'arbre. Car les papiers dont on se sert pour produire cette Bible sont issus de l'arbre.
- Un vrai pasteur doit aimer la forêt pour bien guider et bien nourrir ses brebis (*Psaumes 23 : l'Eternel est mon Berger (...) sur des près d'herbe fraiche il me parque*). Il a parfois besoin de la forêt pour dialoguer avec Dieu ; puisque son silence méditatif peut l'accompagner vers son but spirituel.
- La forêt de même cache une grande spiritualité qui doit être comprise par celui qui est initié.

- Dans la conception africaine, la forêt est parfois considérée comme **une liturgie cosmique et transcosmique** ; **c'est-à-dire, un appareil cérémoniel du monde physique et métaphysique.**

Dans le symbolisme de la forêt, quelle signification spirituelle, quel sens caché qu'évoque-t-elle dans les fonctions parapsychologique et psychologique ?

Espace sombre, lugubre, mystérieux (arcane), magique, impénétrable ou dangereux, la forêt évoque les forces dévorantes de la nature. Elle est inhospitalière pour ceux dont la peur est strictement ancrée pourtant elle est majestueuse et prolifique. Sa signification symbolique est ambiguë : elle peut être synonyme d'angoisse ou de sérénité, d'oppression ou de libération. Le symbolisme de la forêt se rapproche de celui de la caverne, de lieux où habitent des monstres indomptables, des esprits malins (feux, druides, follets, trolls, fées, elfes, gnomes, nains,...) ou des dieux inconnus (animisme). Ceci explique que la forêt a longtemps été le lieu des rituels religieux. Elle est alors considérée comme un espace sacré, voire un **sanctuaire** (certaines forêts sacrées d'Afrique notamment les ***kayas*** au Kenya[8]).

De plus, d'une part, le symbolisme de la forêt peut être associé à celui de l'arbre ; la forêt constitue un espace intermédiaire entre la Terre et le Ciel. D'autre part, il est dit que la forêt possède un **centre caché** (symbolisé par un autel, une source, une fontaine, une pierre) qui fait l'objet d'une **quête initiatique.** La forêt est donc un lieu de régénération, de ressourcement et de progrès (dans de multiples légendes, le héros doit triompher des sortilèges de la forêt : il doit se surpasser pour vaincre les épreuves).

La forêt est un espace naturel ; opaque, dont les recoins sont inconnus et la lumière y pénètre difficilement. Elle peut être vue comme un labyrinthe dont on pourrait bien ne jamais sortir. Ce labyrinthe, c'est avant tout celui de notre esprit : la forêt symbolise notre inconscient. Visiter la part inconnue de notre psychisme, c'est faire l'effort de savoir qui nous sommes. La connaissance de soi nous permettra de vaincre nos craintes et nos angoisses, véritables monstres intérieurs. Fonder son temple au milieu de la forêt, c'est trouver la lumière en soi, c'est transformer l'ignorance en conscience, la peur en sérénité. C'est comprendre notre fonctionnement intime et nous accepter tels que nous sommes. Dans les religions orientales par exemples (bouddhisme, hindouisme, taoïsme, shintoïsme), les ascètes

---

[8] Www. Google. Com

se retirent dans la forêt pour prier ou méditer : l'éveil se fait au cœur de la Nature vierge qui pour eux, est une source des mystères et de la connaissance[9].

- **La Forêt : auberge des mystères et de la connaissance**

Si la forêt est mystérieuse, elle invite à percer ses mystères : elle symbolise le chemin du savoir, de la connaissance et de l'émerveillement. Les arbres s'étirant vers le haut, ils montrent la voie de l'élévation intellectuelle et spirituelle. En elle, elle auberge une métaphysique la plus remarquable qui se montre favorable aux sylvothérapeutes qui pour eux, la forêt possède le ***« Logos : la parole»*** et ***« le spermatikos : la fécondation »*** susceptibles à dialoguer en vue de faire féconder les besoins demandés surtout dans le champ thérapeutique. Pour ce, elle exprime le jardin d'Eden.

- **La Forêt : métaphore du jardin d'Eden (jardin perdu) Genèse 1**

La forêt peut être assimilée au jardin d'Eden : un espace authentique, paisible, vierge de tout péché et dénué de toute pensée duale.

- **Interprétation sur la parapsychologie de la forêt**

La forêt peut évoquer différents éléments symboliques parmi lesquels :

- **La Nature :** c'est l'énergie vitale spontanée, incontrôlable, sauvage, non-consciente d'elle-même.
- **Le silence :** c'est l'absence de pensée et de parole, autrement dit la vie à l'état brut. Seuls quelques chants qu'exécutent les oiseaux, bruissements et craquements d'arbres peuvent agrémenter ce silence.
- **Le féminin :** c'est le symbole des cycles, de la vie, de la matrice, de Gaïa[10]. C'est aussi l'image des forces lunaires, changeante. C'est encore la **virginité** (la forêt vierge). Par ailleurs, dans une vision alchimique, le féminin et la forêt nécessitent d'être pénétrés, domptés, éclairés par le principe solaire masculin[11].
- **La couleur verte :** c'est la couleur du règne végétal, sombre et terrifiant mais porteur d'**espérance.**
- **La nuit :** la forêt symbolise les forces nocturnes.

---

[9] Www. Google, *Op.cit.*
[10] *Idem.*
[11] *Idem.*

- **L'élément alchimique :** la forêt symbolise l'eau qui est le synonyme de la vie qui se dévore elle-même, qui crée autant qu'elle détruit, dans un cycle infini de mort et de renaissance[12].

❖ **La Forêt dans la fonction psychologique**

Nous l'avons dit, la forêt symbolise l'**inconscient** ou **le subconscient,** c'est-à-dire le mystère des profondeurs de l'âme. C'est le lieu des **instincts** les plus enracinés, les moins maitrisables, pouvant donner lieu à des dérives mentales ou des hallucinations. La forêt évoque :

- **La panique** quand on y est seul ; on se sent être abandonné entre les mains des esprits désincarnés. On ne vise que l'insécurité totale. On pense que notre âme va subir la séparation totale de notre corps. Elle devient ici le lieu parapsychologique, du chagrin et de l'horreur.
- **L'horreur** de la traverser seul, d'y résider seul. On se sent fragile quand on est seul à l'intérieur de la forêt et on se sent être menacé par des pensées qui ont trait aux réalités démoniaques quand on y est seul. L'horreur s'installe en nous et sommes parfois prêts à reculer au lieu d'avancer et de la traverser.
- **La terreur** parce qu'on pense qu'elle est le lieu idéal des sorciers, des animaux sauvages. L'image de la forêt n'est pas toujours la bienvenue chez les chétifs. D'autant plus qu'ils pensent en premier lieu aux esprits malins, désincarnés et anthropophages en second lieu aux bêtes féroces et dévorantes.

Au final, la forêt est ambivalente. Enchantée ou hantée, merveilleuse ou dangereuse, elle est un formidable réservoir de vie et de connaissance intérieure. Oser pénétrer la forêt, c'est se confronter à soi-même et donc se donner toutes les chances de progresser et de reculer. Au-delà de ses qualités spirituelles qu'elle porte, elle s'ouvre de même sur les plans anthropologique et éducationnel à l'homme.

---

[12] Www. Google. Com

II.2. Aux plans anthropologique et éducationnel

(C'est l'image du Petit Séminaire Saint Charles LWANGA de KATENDE situé dans une forêt dans le Diocèse de KENGE en RDC. Pépinière de vocation sacerdotale et un cadre idéal pour la formation des futurs cadres de la société congolaise)

L'Afrique possède une culture forestière. Dans les écoles initiatiques africaines, les initiés demeurent plusieurs jours dans la forêt pour acquérir l'expérience des ainés et pour pénétrer les problèmes de la vie globale. Les symboles végétaux, animaux, minéraux qui confectionnent les saynètes des épopées, des contes et des fables, de nos villages sont tirés du monde de la forêt en vue d'équilibrer l'éducation de l'homme[13]. Pour ce, voici les éléments importants qu'elle contribue pour l'éducation de l'homme :

- *Les arbres de la forêt offrent la possibilité à l'homme d'obtenir les cahiers, les crayons, les lattes, les ardoises, les bancs, les chaises, etc.*
- *Les animaux qui y résident constituent les matériels didactiques pour l'éducation des écoliers ;*

[13] Bernard FANSAKA BINIAMA, *Ecologie, traditions africaines et développement, enjeux environnementaux en Afrique subsaharienne*, Paris, KARTHALA, 2015, p.128.

L'Eglise Catholique romaine prête une grande attention à la forêt ; puisqu'elle est un cadre idéal pour la formation des Jeunes Séminaristes en voie du Sacerdoce ministériel. Ceux-ci sont formés à l'intérieur de la forêt pour bénéficier de son silence, de la contemplation qu'elle leur accorde, …

II.3. Aux plans thérapeutique et culinaire

(Cette image montre comment une femme africaine exprime son estime face à la nature. D'autant plus qu'elle est indispensable et incontournable sur le plan culinaire et elle est poumon alimentaire pour l'Afrique)

Les façons thérapeutiques sont enracinées dans un cadre environnemental qui multipolarise les interventions sur la base d'une conception transpharmacologique du médicament. Ce dernier est extrait aussi à partir des arbres de la forêt en vue de maintenir la santé de l'homme et de prolonger son existence sur la terre.

Les aliments de la forêt contribuent en outre à la diversité des apports alimentaires, qui accroit elle-même la diversité du microbiome[14] intestinal, améliorant ainsi l'état de santé. Les aliments forestiers revêtent une importance nutritionnelle et culturelle particulières pour les communautés autochtones. Pour expliciter cette thèse, nous dirons que les aliments forestiers possèdent une solidité diététique qui contribue à la formation du corps humain. Ce dernier a

[14] Aire biotique (de vie) du microbiote, c'est-à-dire de l'ensemble des espèces microbiennes durablement adaptées à la surface et à l'intérieur d'un organisme vivant. Somme de génomes des micro-organismes vivant dans ou sur un organisme animal ou végétal, exception faite des états pathologiques (Dictionnaire Larousse)

besoin de quelques aliments tirés de la forêt ou de ses arbres pour bénéficier de l'équilibre sanitaire. Signalons que ces aliments ne nourrissent pas seulement l'estomac de l'homme mais aussi tout son corps.

En Afrique et surtout en RDC, nous avons quelques aliments thérapeutiques tirés de la forêt et de ses arbres ; en voici les marques :

- Le ***mindindi***[15] aux goûts amères consommés souvent dans le Grand Bandundu (Kwango, Kwilu, un peu Mai-Ndombe): l'expérience de la cuisine congolaise montre que cet aliment est riche en substances thérapeutiques par son amertume. Il ne nourrit pas seulement l'estomac de l'homme mais soigne aussi les pathologies telles que : le paludisme, combat les verts intestinaux,... et nourrit le pancréas humain.

- Le ***safou***[16] ***(Dacryodes edulis)***: c'est un fruit comestible (aliment) consommé quasiment partout en RDC mais surtout dans le Kongo Central et à Kinshasa. On reconnait son grand atout diététique dans le corps humain par son tonifiant et par son excitant. Il possède un somnifère puissant. Grand producteur d'huile végétale. Il est indispensable de même dans le domaine cosmétologique.

---

[15] Autrement appelés ***fils amères*** en RDC issus des arbres de la forêt ; Ils sont rampants et épineux à la couleur vert-mauve.

[16] Tiré du safoutier. Arbre fruitier oléifère de la famille des Burséracées qui produit les safous.

- La ***mangue*** : fruit comestible tropical du manguier, de la famille des anacardiacées. C'est une drupe charnue à la chair jaune et sucrée, à la peau verte, jaune ou rouge et contenant un noyau plat et large sur lequel la chair adhère bien. Elle fournit les fibres et les vitamines C à l'organisme humain. Elle aurait un potentiel anti-cancer ; notamment grâce à son contenu en antioxydants. Elle est riche en calorie 60, lipides 0,4 g, acides gras saturés 0,1g, sodium 1 mg, potassium 168mg, glucides 15g, fibres alimentaires 1,6g, sucres 14g, protéines 0,8g, vitamine C 36,4mg, fer 0,2mg, vitamine B_6 0,1mg, magnésium 10mg, calcium 11mg[17]. Elle baisse la tension.
- Le ***Bulukutu (Lippia multiflora):*** thé de savane dont la feuille reste nourrissante, thérapeutique et susceptible pour la tisane. C'est une plante herbacée, sous-ligneuse, vivace, des savanes africaines. Riches en principes actifs, cette plante, à cycle de croissance très rapide a des multiples vertus aussi bien thérapeutiques que de bien-être. Elle est plus consommée en Afrique sub-saharienne. C'est une espèce héliophile peu exigeante, que l'on trouvait autrefois à l'état sauvage dans la savane, mais qui peut pousser sur divers types de sols et dans différents écosystèmes. Son développement est favorisé par une pluviométrie moyenne, associées à une humidité relativement importante. Principalement utilisées sous forme d'infusion (tisane) de feuilles sèches (ou fraiches) ou encore en décoction, le Bulukutu à pendant des milliers d'années a aidé à bien commencer… mais aussi à très bien finir ses journées[18]. Elle est plus thérapeutique pour les cas du paludisme, des infections bactériennes et vénériennes, de l'hypertension, de la néphralgie,… il est antioxydant, il aide pour la digestion, protège et rééquilibre la flore intestinale, prévient les ulcères, anti-ballonnement, laxatif léger, il est bon pour le système

[17] Www. Google. Com
[18] *Idem.*

nerveux : *effet anti-stress, effet apaisant* ; anxiolytique ; vertus hypotenseurs qui aident à baisser la tension, il réduit la fièvre.

- La ***citronnelle:*** plante à l'odeur citronnée susceptible pour la tisane. C'est une plante graminée de la famille des Poacées, persistante à rhizomes. Elle forme des touffes denses de feuilles élancées, engainantes et étroites allant jusqu'à 1 mètre de long, d'une couleur gris vert à odeur de citron. Ses bords sont très coupants donc à manipuler avec des gants. La floraison de la citronnelle se présente en inflorescence de panicule de petites fleurs de couleur jaune très pâle. Elle est très facile de multiplier les tiges par divisions des rhizomes. On peut aussi, à partir d'une tige achetée dans le commerce, obtenir une bouture en laissant tremper le rhizome dans un peu d'eau à l'abri de la lumière. En quelques jours vont apparaitre des radicelles, il sera alors le moment de les mettre en terre ; on peut également se procurer les graines et faire les semis mais moins facile à trouver. Les vertus de la citronnelle sont appréciées grâce aux actifs qu'elle contient : **Du citral (65 à 86%)** c'est un agent parfumant utilisé en cosmétique pour ses odeurs de citron. **Du myrcène :** les plantes contenant du myrcène sont depuis des millénaires utilisées dans la médecine populaire comme aide au sommeil, pour leurs propriétés sédatives qui entrainent détente musculaire et réduction de la douleur. Parfaite en cas d'insomnie liée à l'angoisse ou l'anxiété. Le myrcène est aussi un antidépresseur et anti-inflammatoire. **Du géraniol** : le géraniol est l'alcool correspondant au géranial obtenu par distillation fractionnée à partir du cympobogon. Il se présente sous la forme d'un liquide odorant incolore. Ses propriétés : bactéricide, fongicide, virucide, insecticide, répulsif… en font une substance largement utilisée en pharmaceutique. **Des acides foliques :** l'acide folique, vitamine B9, participe à de nombreuses fonctions de notre corps. Elle contribue à la formation normale des globules rouges et leur oxygénation, et agit contre la fatigue. **Des vitamines B1, B5, B6 :** les vitamines B sont impliquées dans la production d'énergie[19]. Un grand partenaire minceur, il est connu pour ses effets diurétiques qui permettront en la consommant régulièrement de dégonfler et d'éliminer les toxines. En friction, elle a aussi une action drainante sur la cellulite superficielle. L'huile issue de la citronnelle est essentielle pour l'Antiseptique, elle a la capabilité d'éliminer les mauvaises odeurs dans le corps humain. Elle entre également dans la préparation de déodorants naturels. Elle a des vertus bactéricides, décontractants musculaires et anti-inflammatoires. En cas de douleurs musculaires, de fièvre, de toux ou d'état grippal, cette tisane vous aidera à retrouver votre parfaite santé. Elle chasse l'anxiété et apaise l'esprit. Elle est un puissant somnifère. Soulage les colites, les douleurs pelviennes, les maux de tête et lutte contre les rhumatismes et l'arthrite. Il est également un bon détoxifiant, tant pour le foie et le pancréas que pour les systèmes digestif et urinaire. Elle traite le diabète et les maladies cellulaires (cellulites).

- L'***avocat (persea americana)***: fruit comestible de l'avocatier. C'est une grande source d'acide linoléique, un acide gras insaturé favorable au bon fonctionnement du système cardiovasculaire, l'avocat est également source de potassium et vient ainsi réguler la tension artérielle. Il contient des caroténoïdes qui fonctionnent comme des antioxydants. Il permet donc de faire baisser le taux de cholestérol, de prévenir les maladies cardiovasculaires, les cancers et de protéger les yeux. Il permet également d'absorber les caroténoïdes des autres aliments avec lesquels vous le mélangez. Consommé régulièrement l'avocat aide à prévenir la constipation intestinale et facilite la digestion grâce à sa teneur en fibres. Il possède aussi un effet coupe-faim qui permet de diminuer la sensation de

[19] Www. Google. Com

fringale. Riche en nutriments qui aident à mincir ; la consommation d'avocats dans le cadre ou non d'un régime alimentaire, permet de se sentir rassasié. C'est probablement la teneur en gras de cet aliment qui lui donne sa texture onctueuse et ce côté « coupe-faim » qui plait pendant un régime. Il est une source de fibres favorisant un bon transit, favorise la satiété et nourrit le microbiote intestinal, il est une source de vitamine E (antioxydant), source de potassium (système nerveux, fonction musculaire, pression sanguinaire) ; riche en vitamine B_9 pour le renouvellement cellulaire, immunitaire et contre la fatigue. Très intéressant pour les femmes enceintes pour le développement du fœtus, et chez les enfants en croissance, ainsi que pour les personnes convalescentes[20].

- La ***noix de palme*** : graine du fruit du palmier à huile, d'où l'on tire l'huile de palmiste. Emolliente, nourrissante et protectrice, l'huile de palme est particulièrement hydratante, et c'est d'ailleurs pour cette raison qu'elle est beaucoup utilisée en savorennerie. Elle protège notamment les cheveux contre la déshydratation, tout en leur apportant douceur et brillance. Une grande source oléagineuse, la noix de palme fournit l'huile de palme à l'homme. Elle est aussi bénéfique pour les femmes ménopausées, enceintes et peut être même utilisée contre l'ostéoporose. Au niveau cutané, la vitamine A, participe à l'hydratation de la peau et active la production de mélanine. Elle a également des vertus antirides[21]. Elle est très utilisée dans le domaine cosmétologique. Car, elle se réclame d'autres propriétés. Appliquée avant le shampoing, elle ravive les points et donne du soyeux à la chevelure, en plus d'agir comme un démêlant.

En outre, les humains ont entretenu une relation avec les forêts à travers les âges ; au-delà de sa fourniture en bois de construction, de chauffage ou en combustible et en fourrage, les forêts offrent à l'homme de même une myriade de biens et services qui portent les valeurs multiples notamment :

- ***Les valeurs spirituelles,***
- ***Les valeurs esthétiques*** *et*
- ***Les valeurs de loisir.***

[20] Www. Google, *Op.cit.*
[21] *Idem.*

Grâce à ces valeurs que l'homme peut être bénéficiaire d'une saine santé physique, morale, psychique, mentale, sociale, ... et bénéficier de l'équilibre total. La sensation de réconfort que l'homme tire de la nature n'a rien d'étonnant d'un point de vue évolutionniste et, a contrario, la vie dans la société moderne « artificielle » est foncièrement stressante. Les espaces naturels, y compris certains de leurs éléments tels que les forêts et les arbres, sont désormais largement reconnus comme susceptibles de remédier à certains facteurs préjudiciables à la santé, d'une manière telle que la médecine et les approches de santé publique classiques ne sauraient le faire à elles seules.

L'idée que les espaces verts, la nature et les forêts sont bénéfiques pour les personnes n'est pas nouvelle : le déploiement des parcs urbains au XIXe siècle répondait déjà aux mauvaises conditions de vie que connaissaient les ouvriers dans les villes en plein essor industriel. L'accès aux parcs était considéré comme important pour l'entretien de la santé physique, la prévention de la maladie et de la régénération psychologique et spirituelle des ouvriers urbains. C'est ainsi que les parcs dans les zones urbaines furent conçus de façon de pouvoir en faire bénéficier tous les habitants de la ville.

CHAPITRE III. L'IMPORTANCE DES PARCS FORESTIERS DANS LA SANTE HUMAINE

Il est important de savoir l'importance des parcs forestiers dans la santé humaine. Ces parcs peuvent être bénéfiques dans sa santé et peuvent l'aider à soulager ses stress, et toutes les autres maladies liées à la psychologie.

Depuis la publication de l'article retentissant d'Ulrich dans la revue *Science* où il a démontré l'existence d'un lien (bien qu'assez tenu) entre la contemplation de paysages naturels par la fenêtre d'une chambre d'hôpital et le délai de rétablissement des patients après une intervention chirurgicale, de nombreuses recherches ont été menées sur la relation entre le contact avec la nature et la santé humaine mentale, physique, sociale et spirituelle, surtout depuis une décennie[22].

Certes, les parcs forestiers se sont vus bénéfiques dans la santé humaine. Car, contempler les arbres dans un silence intérieur et extérieur peut être une grande thérapie pour tout patient qui vient de subir une intervention chirurgicale, pour tout patient victime d'un accident cardiovasculaire ou encore pour tout patient ayant subi une dépression mentale. Ceux-ci ont besoin de la présence active des parcs forestiers pour retrouver leur parfaite santé.

La recherche fait état d'un éventail étonnamment étendu de bénéfices pour la santé, à savoir, entre autres, une réduction de la mortalité due aux maladies cardiovasculaires et de la mortalité toutes causes confondues, une meilleure activité accrue du système immunitaire, moins d'allergies, la baisse de la pression artérielle, l'amélioration des capacités cognitives, des effets positifs à la naissance, la réduction de l'hypertension et la baisse des niveaux de stress. La recherche s'est également penchée sur les mécanismes qui expliquent comment sont engendrés ces bienfaits ; de nombreuses recensions de la littérature, où sont compilés et analysés sous différents angles des résultats déjà parus, ont été publiées, de même que des revues systématiques et des méta-analyses[23]. Ces revues en particulier attirent l'attention sur la difficulté de démêler l'écheveau des relations multifactorielles entre santé humaine et contact avec les espaces verts, et spécialement les forêts.

La plupart des travaux qui mentionnent spécifiquement la nature traitent de la santé et du bien-être psychologiques et mentaux, notamment au travers des environnements propices à

---

[22] OLivia SANCHEZ-BADINI et John L. INNES, *La forêt et les arbres : une perspective de santé publique dans santé publique,* p. 1.
[23] *Ibidem*. pp. 4-17.

la récupération et de la **sylvothérapie**. Etant donné que, quelques études portent sur les paysages ou l'aménagement urbain. D'autres abordent les effets psychologiques, sociaux et physiques procurés par la contemplation et l'interaction avec les espaces verts qui sont bénéfiques pour la santé.

III.1. La sylvothérapie : dialogue curatif entre le patient et l'arbre (forêt)

(Cette image nous fait savoir l'importance de la sylvothérapie dans la santé humaine. Les personnes-ci font des câlins aux arbres en vue de recevoir une thérapie)

La question reste à savoir si la sylvothérapie est une médecine conventionnelle ou non conventionnelle et porte un stigmate profond dans le monde scientifique ?

En fait, la sylvothérapie est une pratique ancestrale, qui fait partie de la naturopathie, qui est là pour prévenir et rééquilibrer l'organisme au niveau mental, au niveau émotionnel et au niveau physique, explique **Laurence MONCE**, coach et naturopathe, auteure de ces arbres qui nous veulent du bien[24]. Elle est une médecine **non conventionnelle** qui repose sur l'idée qu'être dans une forêt ou à proximité d'arbres aurait un effet bénéfique sur le bien-être et sur la santé. Certains ajoutent à cette pratique de base, des approches plus proches de l'herboristerie, de l'ethnobotanique et de la gemmothérapie (méthode thérapeutique utilisant essentiellement des bourgeons de plantes par voie interne comme traitement).

C'est à travers la diffusion de pratiques venues du Japon que le concept de sylvothérapie a fait une réapparition récente dans l'espace médiatique et social. Pourtant, les relations entre les arbres, les forêts et la santé humaine s'inscrivent dans des processus historiques complexes, à la croisée de la diversité des territoires, des identités culturelles et des enjeux de développement des sociétés. De tout temps à travers le monde, les humains ont côtoyé les forêts. Les peuplements forestiers participent, pour une part très importante, aux

[24] Www. Google. Com

contributions de la nature à l'humain. Il n'est pas exagéré de dire que les arbres soutiennent les conditions mêmes de l'existence humaine. A travers leur contribution à la production primaire et au cycle des nutriments (oxygène, carbone...), ils fournissent le socle d'éléments nécessaires à la vie. Ils concourent au maintien des conditions physiques, chimiques et biologiques par le biais de la purification de l'eau, de l'air, de la régulation du climat, de la fertilité des sols, mais aussi le maintien du cycle de vie, la protection des habitats naturels et de la diversité génétique, la lutte contre les parasites et les maladies, etc. Les forêts, à travers la biodiversité qu'elles hébergent, ont permis aux humains d'assurer leur substance grâce à la cueillette, à la chasse et à la nourriture pour les animaux d'élevage. De nos jours encore, les ressources alimentaires issues des forêts constituent un apport complémentaire important pour les nombreuses populations[25].

En France en 1985, **George Plaisance**, ingénieur des Eaux et Forêts, publie l'ouvrage *Forêt et santé. Guide pratique de sylvothérapie*. C'est, à notre connaissance, la première mention du terme en français. Avec beaucoup de presciences sur les orientations de développement des recherches et des pratiques actuelles, il développe « les effets bienfaisants de la forêt sur le corps et sur l'esprit ». Il aborde à la fois des caractéristiques des forêts et des arbres (huiles essentielles, amortissement des bruits, pollutions...) et les effets physiques et psychiques (influence sur le système sympathique, calme visuel, émotions positives...). Il discute des représentations associées aux forêts (mythologie, spiritualité...) et des aménagements forestiers envisageables (dans des forêts existantes ou à créer). Les « cures de forêt » ou _cures sylvatiques_, dont il décrit les modalités, ne sont pas sans faire écho au terme de « bain de forêt » ultérieurement diffusé. **La sylvothérapie est présentée comme une hygiène préventive ou éventuellement complémentaire à des traitements thérapeutiques**. A partir des années 1990, des études portant sur la santé et le bien-être humain par les forêts se développent de manière concomitante dans de nombreux pays. La diversité des axes de recherche montre que la thématique de la sylvothérapie est multidimensionnelle et porteuse d'enjeux étroitement associés aux spécificités des contextes environnementaux (biophysiques et socioculturels). En Asie, le développement de la sylvothérapie s'inscrit dans une réflexion autour de la contribution des forêts aux problématiques de santé en lien avec les modes de vie urbains et dans une réflexion économique et sociale autour de la mise en valeur des zones rurales forestières[26].

---

[25] Alix COSQUER, *La sylvothérapie,* pp. 5-19.
[26] *Ibidem.* pp. 21-50.

La sylvothérapie, du latin *sylva : forêt* est considérée comme une grande clinique spatiale. Médecine non conventionnelle, elle est rendue expérimentable et évidente grâce à des résultats satisfaisants qu'elle accorde aux patients en quête de l'effective guérison. Pour ce, la sylvothérapie ne peut pas être classée seule parmi les techniques médicalement traditionnelles. A côté d'elle, nous avons la médecine indigène ou la médecine traditionnelle qui est pratiquée aussi par les thérapeutes africains considérés comme les écologistes de la première heure.

III.2. Les thérapeutes africains : les écologistes de la première heure

(Cette plante possède des grandes vertus thérapeutiques en Afrique. Elle se nomme en lingala, ***Nyokanyoka****. Elle est plus thérapeutique pour les cas de fièvre, des cas grippaux, de la toux ainsi que l'angine).*

S'il faut rendre justice aux thérapeutes africains concernant leur vraie identité, nous dirons que ceux-ci sont des écologistes de la première heure. Leur logique clinique traditionnelle est de prime abord une logique spatiale. Car, pour eux, **la gestion de la forêt est un véritable sacerdoce écologique. Elle devient pour eux, le centre thérapeutique de toutes situations opaques tant au niveau de la santé physique que celui de la santé spirituelle.**

Certes, la gestion de l'espace en médecine africaine traditionnelle, est un véritable sacerdoce écologique. Car, soigner c'est négocier la santé auprès des forces de la terre, de l'air, de l'eau et de la lumière. Ces espaces cosmiques sont considérés comme les espaces sacramentaux, car ils permettent aux acteurs des soins de santé de se métamorphoser et de métamorphoser leurs malades, non seulement physiquement, mais aussi et surtout spirituellement afin d'exploiter pour le bien-être collectif et individuel les énergies vitales qu'ils renferment[27].

L'homme Africain (surtout le plus pauvre) préfère faire un plongeon dans la médecine traditionnelle que dans la médecine moderne, d'autant plus que cette dernière est devenue trop coûteuse pour la mainte fréquentation. Elle est actuellement réservée aux personnes aux finances suffisantes qui ont un perméable accès dans les polycliniques du monde. Vu cette difficulté pécuniaire pour certains, les thérapeutes africains, sont qui ont reçu cette haute sagesse de dialoguer avec les arbres, ont adouci la tâche sanitaire en Afrique. Désormais toute personne peut avoir accès à l'effective guérison grâce aux racines en particulier et aux arbres de la forêt en général. La forêt pour les thérapeutes africains est un « temple naturel » comme le dit **Zahan**[28]. Puis qu'elle est un dépôt sacré de la thérapie de toutes sortes de pathologies tant somatiques que psychosomatiques. Il y a les arbres totémiques, des mares, des sources, des rivières sacrées, des amas de pierres, des ports, des jardins, des grottes, des enclos des richesses communautaires sont tenus de protéger et de gérer avec beaucoup de religions et de sens de responsabilité[29].

La logique clinique traditionnelle s'apparente de la philosophie de la nature de l'excellent penseur grec **Héraclite d'Ephèse** qui pour lui, ***l'eau, l'air, la terre, la lumière*** sont considérés comme les substrats des forces qui peuvent régénérer la vie cosmique. Dans cette logique d'idée, les thérapeutes africains ont une attention et une considération expressives à l'environnement global. Ils forment avec lui une fraternité authentique. Ils possèdent des clefs susceptibles à déchiffrer toutes pathologies physiques (corps malades), psychiques (âmes malades) et métaphysiques (esprits malades). Tout ceci leur permet de s'insérer dans la ***''liturgie cosmique et transcosmique''***. La médecine selon les thérapeutes africains, existe à cause de la forêt. La forêt est la plus grande source de santé. Et l'identité de l'homme africain authentique est d'abord celle d'un forestier. Etre forestier, autrefois dans nos villages, était une dignité sociale et non une honte. Etre forestier au temps de nos arrière-grands-pères était la voie par excellence pour accéder à la haute sagesse de vie qui équivaut à la haute sagesse médicale. Le forestier est un grand connaisseur des choses qui peuvent améliorer ou détruire la vie. Le fonctionnement énergique et harmonieux dépend de la connexion de l'homme avec les puissances protectrices de la forêt. La forêt fait peur bien sûr,

---

[27] Bernard FANSAKA BINIAMA, *Ecologie, traditions africaines et développement, enjeux environnementaux en Afrique subsaharienne*, Paris, KARTHALA, 2015, p.121.
[28] Zahan L., *Religion, spiritualité et pensée africaine*, Paris, Mouton et co, p.34-64.
[29] Bernard FANSAKA BINIAMA, *Op.cit.*, p. 122.

mais lorsqu'on maitrise ses secrets, elle sécurise, elle informe, elle relie, elle oriente et restaure...la sagesse médicale africaine est fondée sur un jeu d'équilibre entre les réalités du village (réalités connues) et les réalités de la forêt (réalités connues et à connaitre). Cet équilibre doit être préservé à tout prix, car il n'est pas bon que tout ce qui fait vivre l'homme sorte au village (...) la haute spiritualité thérapeutique se nourrit de grands secrets de la forêt[30].

Cette thèse émise ci-haut transpire adéquatement une vérité authentique concernant le vrai rôle que la forêt joue dans la santé de l'homme. Ce dernier est appelé à cohabiter avec elle, afin de pénétrer sa haute sagesse ainsi que sa haute spiritualité. La forêt est une grande clinique traditionnelle comme énuméré ci-haut. Elle fournit à l'homme une myriade de possibilités pour garantir sa santé physique, métaphysique et psychique. Dans certains de nos villages africains où la médecine moderne n'est pas encore éloquente, la tendance à fréquenter les guérisseurs reste substantielle. Ceux-ci sont considérés comme les écologistes de la première heure justement grâce à leurs techniques médicalement traditionnelles dont ils se servent pour déverrouiller toutes situations opaques au niveau sanitaire de l'homme.

Précisons que la tendance oppositionnelle qu'adopte la médecine moderne face à la médecine traditionnelle nous ouvre d'autres portes d'intelligibilités qui nous poussent à réfléchir avec rigueur en ce sens:

- Comment l'homme blanc peut paralyser l'animisme africain avec ses techniques médicales à caractère salvifique, le taxant de la magie noire qui doit être la malvenue dans la société africaine, rejette toutes pratiques autochtones de l'Afrique notamment le domaine médical alors qu'il se montre encore le premier prédateur des espaces sacramentaux qui lui servent pour la pharmacologie moderne ?
- Comment la médecine moderne peut déconnecter l'homme Africain de sa médecine autochtone, lui interdisant la consommation des produits forestiers sous-prétexte de l'ignorance posologique alors qu'elle est la première à employer ces mêmes produits forestiers, les exporter dans les grands laboratoires d'analyse en vue d'en fabriquer les produits pharmaceutiques ? Ces deux questions restent suspendues dans nos réflexions africaines et qui cherchent encore une réponse transitive.

---

[30] Bernard FANSAKA BINIAMA, *Op.cit.*, p. 122.

Nous savons bien que la médecine traditionnelle n'a pas encore fait mûrir la question posologique de nos produits pharmaceutiques locaux. Elle demeure encore dans les tâtonnements posologiques. Mais la **pharmaconie** (deux effets réacteurs du produit pharmaceutique : guérison corporelle, destruction corporelle) peut traverser les deux médecines. Car, tout produit pharmaceutique peut se métamorphoser en **poison** si et seulement si la posologie n'a pas été bien indiquée par le médecin à travers l'ordonnance médicale : *overdose de la consommation des produits pharmaceutiques : poison mortel.* Il peut faire naitre un poison de même s'il y a eu les mauvaises interactions médicamenteuses : *Paracétamol+ le produit indigène : poison mortel.*

Pour appuyer toujours cette question de conflit médicinal entre la médecine moderne et la médecine traditionnelle, nous pensons que l'efficacité médicale au niveau thérapeutique demeure jusque-là dans la médecine traditionnelle. D'autant plus que cette dernière est consommée sans viser totalement un but lucratif après la prescription par un guérisseur. Celui-ci ne vise que la guérison effective de son patient. Il fera en sorte que son patient ne trébuche plus dans le même cas de l'entorse sanitaire. Il ne vise que son bien holistique à caractère perpétuel. Tandis que la médecine moderne fonctionne avec un but lucratif très éloquent. Elle fabrique les produits pharmaceutiques qui n'ont pas d'efficacité. Ces produits ne font que négocier avec la pathologie dans l'organisme humain. Ils sont efficaces à courte durée. Leur politique thérapeutique est celle de viser les magots au lieu d'une guérison effective de l'homme. Ils simplifient la performance de leurs produits pharmaceutiques pour favoriser à ces mêmes patients de retourner dans leur pharmacie afin d'acheter les mêmes produits. Ils amassent des richesses à travers la souffrance de l'homme, à travers sa fragilité organique. Bref, la médecine moderne est une médecine lucrative ; elle n'est pas cohérente du tout.

En principe, la médecine en tant que telle ne doit viser que la diligente guérison de l'homme et non le contraire. En conséquence, elle doit fabriquer les produits qui sont susceptibles pour le maintien total de la santé humaine et non pour son déséquilibre. Actuellement pour dire la vérité, la médecine moderne commence à fabriquer les produits pharmaceutiques à caractère euthanasique. Chose qui est inconcevable dans la médecine africaine. Car, l'Africain est un être qui fournit les efforts pour dynamiser et redynamiser la vie et combattre l'existence de la mort. L'Africain aime vivre et il aime vivre encore tout en respectant le cycle processuel de la vie humaine. C'est la grande raison qui doit le pousser à développer une forte attention aux produits forestiers qui sont les dépôts véhéments de la longévité existentielle.

La médecine africaine en outre, porte un strict respect envers la nature en général. Son objectif n'est pas de tomber dans la dénaturalisation, dans la désacralisation de la nature. A contrario, son objectif porte deux figures :

- ***La curativité*** de toutes pathologies tentant à réduire l'existence humaine et de la confiner dans une situation inconfortable (macérer). Les produits administrés n'agissent que pour ériger le corps humain, le stabiliser et l'équilibrer. Ils ont l'intention d'expulser la mort à côté de la vie.
- ***La préventivité*** de toutes futures pathologies tentant à réduire l'existence humaine et de la confiner dans une situation inconfortable (macérer). Les produits administrés n'agiront que pour contrecarrer toute attaque extérieure. Bref, la médecine traditionnelle tient compte de l'éthique qui est l'une des grandes vertus africaines.

La médecine moderne quant à elle, tombe de plus en plus dans l'excessivité terrible. Elle a adopté dorénavant l'esprit de la dénaturalisation sans éthique. L'explosion médicinale moderne n'extériorise plus l'idée de la curativité comme soulignée dans la médecine traditionnelle. Elle porte plusieurs vices qui sont des catalyseurs de l'éthique à revoir notamment :

- *La multiplication des banques d'embryons, d'espèces, d'organes, d'ovules, de spermes, des tissus humains qui faciliteront à tout homme d'avoir un bébé sans passer par le processus naturel. Ici, les couples conjugaux n'ont plus une participation active à la procréation ;*
- *La fabrication locale des êtres humains à partir de la technologie appliquée ;*
- *La permutation sexuelle : la liberté de choisir son sexe, etc.* Bref, cette médecine ne tient pas compte de l'éthique et désacralise cette vertu valeureuse au nom d'une liberté qui est en réalité un libertinage. Et en dépit des efforts que fournit la bioéthique pour canaliser soigneusement les choses, cela s'avère vain pour cette médecine. Elle prétend changer la pierre en pain pour nourrir les hommes ; en réalité elle ne donne jusque-là que de la pierre à l'homme et non du pain.

La perception médicale de l'homme et de la guérison, en médecine africaine traditionnelle, est non seulement **biologique**, mais aussi et surtout **transbiologique et socio-culturelle.** En d'autres termes et pour renchérir, la médecine de nos ancêtres africains développe la culture de la santé globale et globalisante. Guérir, ce n'est pas seulement éradiquer une maladie corporelle, mais aussi combattre tout ce qui empêche l'homme de s'épanouir dans le monde. La culture médicale africaine est une culture d'éveil social et de restauration permanente des facteurs qui revigorent l'énergie vitale. Le thérapeute, au-delà de ses capacités d'intervention biologique, détient aussi les capacités d'action sociale. Il est au milieu des hommes pour faire fonctionner la vie dans toutes ses dimensions. Faire fonctionner la vie dans toutes ses dimensions, c'est faire en sorte que la gestion de la santé arrange les choses qui ne marchent pas bien dans le monde. Ces choses sont très nombreuses, d'où la nécessité d'interpeller la conscience environnementale de chaque homme pour se mettre à l'écoute des lois de la nature et pour lutter contre des antivaleurs[31].

Pour enrichir l'idée ci-haut, nous pouvons la résumer en ce sens :

- Le monde est vu par les thérapeutes africains comme un espace divin où les hommes sont appelés à s'épanouir dans l'harmonie.
- L'exploitation médicale des ressources de la nature doit se faire dans le respect strict de l'ordre de la création, car tout doit entrer dans la logique du Créateur.
- La médecine est un rappel permanent à l'ordre cosmique, social et moral.
- La gestion de la santé est un cosmos sacerdoce et, de ce fait, elle s'inscrit dans la liturgie de recherche du bien-être intégral. L'équilibre du micromonde humain dépend de l'équilibre du macromonde cosmique.
- L'animisme africain, loin d'être une pathologie intellectuelle, se présente plutôt comme une démarche écologique de santé, un plongeon de l'homme entier dans les réalités qui accroissent l'énergie vitale[32].

En outre, au-delà des attaques occidentales et orientales contre la médecine traditionnelle africaine, il existe aussi une catégorie humaine à la nature africaine, congolaise qui positionne son point de vue basé sur la confession religieuse pour inhumer les efforts que fournissent les guérisseurs africains. Elle prescrit la prohibition formelle de toute

[31] Bernard FANSAKA BINIAMA, *Op. Cit.*, p.125.
[32] *Idem.* pp. 125-126.

consommation des produits indigènes ou forestiers à leurs fidèles religieux. Ceci fait inquiéter la pharmacie africaine et décourage ses efforts locaux.

III.2.1. Les églises de Kinshasa: des cimetières écologiques

Cet argument n'est nullement déductif en guise de précision. Mais il est désolant de remarquer que certaines églises à Kinshasa surtout les sectes dans les quartiers sont devenues des cimetières écologiques. Elles prétendent tout réduire à la superstition :

- Imaginons qu'un arbre dans une parcelle soit coupé parce qu'il est devenu le refuge des sorciers selon une certaine prophétie ;
- Les hiboux sont devenus des portes de la mort pour certaines familles à Kinshasa. Une fois, on remarque sa présence sur la branche d'arbre, c'est le pauvre arbre qui doit être accueilli par les boulangeries ;
- Certains guérisseurs sont taxés des superstitieux par certains pasteurs de la Ville de Kinshasa et ceux-ci empêchent toute médication provenant de leurs parts oubliant que ces guérisseurs ne se servent que des produits forestiers pour appliquer leur technique thérapeutique.

Considérant la forêt et les guérisseurs comme les entorses spirituelles, lesdits pasteurs kinois malheureusement font un chemin retour vers cette forêt pour bondir sur toutes ses vertus culinaires entre autres : la consommation savoureuse des chenilles, des champignons, des sauterelles, … qu'elle produit. Ils font de même un chemin retour pour bénéficier de ses vertus thérapeutiques en cas des hémorroïdes, … tout cela exprime le manque de jugement.

Par ailleurs, après avoir rendu justice aux thérapeutes africains, les écologistes, les forestiers de la première heure sur le domaine médicinal, l'honneur nous échoit de défendre avec équilibre quelques pratiques mal intentionnées que l'homme adresse à la forêt d'une façon consciente. Ces pratiques interdites sont de plus en plus combattues par les autorités coutumières Yansi de BAGATA en RDC. Elles ont le code écologique qui régit les lois pour la conservation de la nature.

III.3. Le Code écologique chez les Yansi de BAGATA en RDC

Chez les Yansi de Bagata, il y a un certain nombre de préceptes que nous traduisons, comme dans le décalogue, sous la forme négative :

a) Ne pas se battre en forêt

Chez les Yansi de Bagata, il est strictement interdit de se battre en forêt. On peut se chamailler, mais par respect à la nature, on ne peut pas en venir aux mains surtout ne pas verser le sang d'autrui. Dans ce cas, le chef de groupement et les notables traitent l'affaire au village, toujours sous le *mushwo (muboto)* en taxant les coupables avec une somme d'argent symbolique, le vin de palme, la noix de kola. Le *ngamen*, *mbwamen,* doit se rendre en forêt sous le même arbre pour verser le vin de palme en signe de réconciliation. Il se fait accompagner de deux chefs de clans de combattants. Cette pratique se fait aussi chez les voisins du Yansi à savoir les Mbala avec le « *masatu* », le Boma et le Teke. Au cas où le sang était versé lors de ce combat, celui qui avait blessé l'autre, même s'il avait raison, devait donner un bouc qu'on va immoler sous le *muswo.* Signalons aussi que ce rite se fait à 5 heures du matin avant que les gens n'aillent en forêt[33].

b) Ne pas pratiquer le rapport sexuel en forêt

Il est strictement interdit chez les Yansi de Bagata d'avoir des rapports sexuels dans la forêt, en brousse. C'est déshonorer non seulement la nature mais aussi l'acte lui-même. Si le cas arrive et on le découvre très souvent chez la femme, car, après ce forfait, c'est souvent la femme qui est victime, elle tombe souvent malade. Elle devra se confesser auprès de sa grand-mère et cette dernière qui portera l'affaire chez le chef du clan. L'oncle à son tour va rencontrer l'homme avec qui la femme a posé l'acte pour confirmer les allégations de sa nièce. L'homme va remettre une somme d'argent symbolique à l'oncle et ce dernier ira rencontrer le chef de terre, le *mbwamen*, pour lui présenter cette somme d'argent et poser le problème. Le *mbwamen* exige un bouc, une couverture, du sel, la noix de cola de la part de l'homme. A 5 heures du matin, le *mbwamen* (chef de terre), le gardien de la terre, va se rendre dans la forêt sous l'arbre *muswo (muboto)*, accompagné de l'oncle de la fille. Là, il va immoler la poule et verser le sang en prononçant quelque parole. Il prendra une partie de la terre mélangée du sang, du sel, de noix pour le remettre à l'oncle. Au retour, l'oncle donne cette potion à sa nièce qui la portera sur elle pendant une semaine. La particularité de ce rite,

[33] Bernard FANSAKA BINIAMA, *Op. Cit.*, p.138.

c'est le fait que cette affaire se traite entre le chef de terre, l'homme et l'oncle, c'est-à-dire, en toute discrétion[34].

c) Ne pas tuer quelqu'un dans la forêt

Les deux clans par les *nganzo* (chef du clan), vont rencontrer le chef de terre *mbwamen* pour réparer ce forfait. Ici les deux clans se considèrent coupables et doivent se réconcilier avec la nature. Le *ngamen*, le *mbwamen*, réclament à chaque clan un bouc qu'il ira immoler dans la forêt, sous le *muswo* (*muboto)* ; il faut noter que c'est le bouc de celui qui a tiré qui ira en forêt tandis que celui du clan victime sera consommé par les chefs des clans du village. Sous le *muswo*, le chef de terre versera le sang du bouc dans un seau et l'aspergera dans la forêt, en prononçant des paroles. Une note reste importante, tous ces rites se dérouleront entre 4 heures et 5 heures du matin. A en croire à nos informateurs, ce temps est très propice pour le rite dans la mesure où tout est calme ; personne n'a encore perturbé la quiétude de la nature et les esprits de la nature sont disposés à recevoir toutes les doléances. Faut-il encore souligner que le *mbwamen* opère toujours en présence d'un ou de trois témoins. Ce sont eux qui vont apporter la nouvelle au village sur l'accomplissement de la volonté de la hiérarchie[35].

En fait, le Code écologique Yansi de Bagata nous a imbibés dans l'esprit du respect écologique et de la reconnaissance de sa force spirituelle dans notre continent africain. Tout Yansi se sent plonger dans ce devoir métaphysique qui se dévoile comme un principe actif de leur vie. Ce Code de même n'est peut-être pas fruit du hasard ! On prétend l'extraire du décalogue divin qui a été livré aux Israélites : *tu ne tueras point...* c'est un grand mur qui s'interpose entre l'interdit et le permis.

Se battre en forêt chez les Yansi pour expliciter, c'est l'absence du respect adressé à la nature plus spécialement à la forêt qui n'est réellement pas un lieu sec, abandonné, aride en dépit de son silence. Au regard transcendantal de la forêt, elle est le lieu idéal aux esprits désincarnés et aux génies. Pour ce, accomplir l'acte à la figure violente dans la forêt, c'est en quelque sorte et selon la croyance de l'animisme africain, humilier et déranger ces esprits qui ont besoin de l'épanouissement comme cela existe dans le monde physique.

---

[34] *Ibidem.*

[35] Bernard FANSAKA BINIAMA, *Op. Cit.*, p. 139.

Pratiquer le rapport génital dans la forêt, est une dépravation intolérable adressée aux esprits désincarnés et à la nature selon la croyance africaine et celle de Yansi de Bagata. C'est aussi souiller l'espace sacramental (la forêt) qui est une grande liturgie cosmique et transcosmique pour tout Africain. Ceci est une grande pédagogie expulsant l'extraconjugalité au sein des hommes. Car, le toit conjugal est un cadre idéal pour la procréation, pour l'épanouissement des conjoints. Sortir en dehors de lui, c'est pratiquer la débauche et la prostitution corporelle qui est en fait une déconnexion spirituelle avec la sacralité.

Tuer son frère en forêt, c'est un acte inhumain très grave minimisant la sacralité de l'homme et la compétence de Dieu qui est l'Auteur de toute la création. Celui-ci est libre de donner à la nature son œuvre créatrice et Il est de même libre de l'ôter de la nature.

De plus, le Code écologique Yansi est une forte pédagogie cherchant à redresser les penchants de l'homme et lui montrer la voie indiquée, celle de l'éthique de responsabilité. Cette dernière apparemment est voûtée par les esprits tordus qui n'ont aucun sens de respect à l'écologie. C'est pourquoi dans notre investigation scientifique, nous voulons pénétrer dans le chantier scientifique pour rebâtir et refonder de prime abord l'être de l'homme avec les moellons solides, puis le tôler en vue de loger une responsabilité écologique dans sa nouvelle case.

CHAPITRE IV. LA REFONDATION ONTOLOGIQUE DE L'HOMME POUR SA RESPONSABILITE ECOLOGIQUE

Dans ce nouveau chapitre, il est occasionnel que nous puissions aborder deux voies : la première va sonder les passages bibliques et surtout ceux de la création pour refonder ontologiquement l'homme devant les questions écologiques en vue de lui reconfier la responsabilité qui est celle de veiller sur la nature, qui lui a été donnée par le Créateur dans le jardin d'Eden. La deuxième va mettre les arguments philosophiques de Jürgen Habermas sur le principe mathématique de la nature et de Hans Jonas sur le principe métaphysique de la nature à la barre pour restaurer la responsabilité écologique de l'homme.

IV.1. L'argument biblique sur la refondation ontologique de l'homme face à l'écologie

❖ *Bereshit bara Elohim* dans Gn. 1 et 2

En étudiant les chapitres 1 et 2 de la Genèse, on se retrouve devant deux récits bien différents. D'une manière étrange, la séparation entre ces deux récits se trouve au milieu du verset 4, 2, et nos Bibles placent généralement un intertitre à ce niveau.

Signalons au passage que la division en chapitres de la Bible a été faite par le Théologien anglais **Etienne Langton** vers 1200 ; quant à la numérotation des versets, elle remonte au XVIe Siècle et est due à l'imprimeur français **Robert Estienne**[36].

Certes, le premier récit donne une saveur hymnique ou poétique aux lecteurs ; le texte est fortement structuré et l'homme n'apparait qu'à la fin. Dieu crée par le Verbe et il est appelé Dieu ou Yahvé. Parcourant avec attention le livre de la Genèse, il sied de souligner que le verbe « **créer** » dans ce premier récit de la Création marque une mainte répétition : « ***Bereshit bara Elohim et hashamayim ve'et ha'arets*** »[37]. Ce verbe employé « **bara** ou **créa**» est une forte expression de la Puissance et de la Performance de Dieu face à son œuvre créatrice. Car, Il est vu ici comme un Grand Artiste, un Modeleur par éminence de sa propre Création réalisée par son Verbe ou par sa Parole. Le récit de la Création dans la Genèse débute par le « **Beth** », (et non pas « **Aleph** ») deuxième lettre de l'alphabet hébreu, assurément. Cette deuxième lettre de l'alphabet hébraïque « **Beth** » peut aussi symboliser le dualisme dans la Création et surtout

---

[36] Www. Google. Com

[37] Biblia hebraica Strutgentesia : *« Au commencement Dieu créa les Cieux et la Terre » EDITION FUNDITUS RENOVATA*

dans la vision séparatrice : les Cieux (***hashamayim***) et la Terre (***ha'arets***) d'autant plus que les hommes sont dans le règne terrestre, alors que Dieu est dans le règne de l'Un ou céleste. Cette dualité n'est nullement un déni de l'unité de Dieu, mais elle est un rappel insistant sur la finitude humaine, qui est à l'origine de notre action réparatrice dans le monde. Ceci nous conduit à parler du monde comme liturgie de la Création divine.

❖ ***La cosmogonie comme liturgie de la Création divine*** **dans Gn 1**

La Bible s'ouvre sur un récit en 7 jours qui représente une grande liturgie de la Création. Le chiffre **7** parait important dans ce récit, puis qu'il ouvre une grande voie à l'Exégèse liée à la **gématrie** qui est « une technique d'interprétation juive des écritures, basée sur les correspondances numériques servent à indiquer les chiffres ».[38] Au fond, elle est la branche de la cabale juive s'occupant de l'interprétation sur une base mathématique les données chiffrées du texte hébreu de la Bible. Chiffre symbolisant la lettre hébraïque **« zaïn »** ou **« la lettre Z »** (chacune des 27 lettres de l'alphabet hébraïque correspond à un chiffre) le chiffre 7 est le chiffre parfait. Avec lui, on quitte les 6 jours de la Création active pour entrer dans la plénitude ; le chiffre 7 symbolise l'Eternité. Il est aussi chiffre du Shabbat du 7e jour de la semaine, symbolisant le souvenir de Dieu ; car, l'homme se souvient de Dieu dans le repos. Le verbe hébreu du souvenir est « **zeker** » dont l'initiale est « **zaïn** ». Le chiffre 7 est le chiffre de Dieu. Ainsi, dire que le monde est créé en 7 jours, c'est dire que ce monde est pleinement l'œuvre de Dieu (plénitude de Dieu dans la Création). Choisissant ce cadre chronologique, l'objectif n'est pas de faire croire que Dieu a créé le monde en 7 jours. Il est d'évoquer une œuvre de Dieu qui déborde notre histoire, celle que prend en charge notre temps chronique. Ainsi, le sabbat marque le septième jour qui ponctue l'œuvre de Dieu exigeant une pause temporelle en vue de contempler son œuvre. Tels sont les enjeux du respect du Sabbat qu'Israël recevra comme l'un des commandements du Décalogue (Ex. 20, 8-11).

Par ailleurs, après une mainte analyse exégétique du premier récit dit Yahviste, composé d'un ou plusieurs compilateurs de traditions orales, qui auraient fait une interprétation théologique des récits recueillis. Cette source Yahviste a utilisé le tétragramme hébreu composé de quatre consonnes dont : **Y, H, W, H** pour désigner Dieu. Le second récit est plus anthropomorphique que le premier mettant en lien Dieu, l'homme et la nature ou le monde.

---

[38] FLOR SERRANO G. – ALONSO SCHOEL. , *petit vocabulaire des études bibliques*, Cerf, Paris, 1982, P.5.

❖ Le récit théandro-cosmique : rapport entre Dieu-homme-nature (monde) dans Gn. 2, 4-25

Dans le second récit, Dieu désigné par son nom personnel **YHWH**, crée Adam, le premier homme, à partir de la **glaise** ou **de l'argile** et de **souffle**, le place dans le jardin d'Eden, qu'il a pour fonction de cultiver. Adam nomme les animaux mais ne trouve pas de compagne, et celle-ci sera façonnée à partir de l'un de ses côtés.

Certes, le second récit est plus ancien, et il a une poésie plus concrète. Il ouvre le chapitre 2 tout reprenant sur un monde bien diffèrent la question des origines. Ce texte « est le plus ancien voire antérieur à l'exil daté du X siècle ».[39] L'horizon cette fois, n'est plus le cosmos sur lequel ouvrait le chapitre 1, mais plutôt un monde humain quotidien celui du paysan qui cultive le sol. Ici le texte est centré sur la création de l'homme et de la femme. C'est pourquoi on dit en langage un peu technique qu'il est très **anthropomorphique.** Autrement dit, il parle de Dieu sous des traits très humains.

Dire que la femme est tirée de la côte de l'homme, c'est dire, la proximité et la ressemblance étroite en l'homme et la femme comme dit Genèse chapitre 2 verset 13 : *« celle-ci est l'os de mes os, la chair de ma chair » s'écrie Adam, dont le nom signifie seulement « argile ou glaise »*[40]. Il s'appelle ainsi parce que Dieu l'a modelé à partir du sol. Adam est un homme façonné de deux matières : **argile ou glaise** tiré du sol et le souffle insufflé par Dieu. En outre, pour interpréter les éléments de la création de l'homme, nous pouvons dire que l'homme est le fruit du **souffle issu de la bouche divine** et de **l'art** exploité par ce même Dieu. Les expressions de la création de l'homme utilisées dans la Bible se comprennent en ce sens :

- **Souffle divin :** c'est le don de l'**esprit** (*pneuma*) que Dieu a fait à l'homme depuis la Création et qui forme sa première partie. Comme substance immatérielle ou incorporelle, esprit ou souffle (*nephesh*) devient pour l'homme le principe de la pensée et de la réflexion dont il doit se servir pour transformer, veiller et achever l'œuvre de la Création divine. C'est la seule substance qui peut entrer en contact avec le Créateur. Elle est susceptible à mouvementer spirituellement le corps ou la glaise qu'a l'homme. Il devient alors l'aspect spirituel de l'homme.
- **Argile ou glaise :** c'est le don du **corps** (*soma*) que Dieu a fait à l'homme et qui forme sa seconde partie. Comme substance matérielle ou

[39] MICHEL QUESNEL-PHILIPPE GRUSON., *La Bible et sa culture*, Desclée de Brouwer, Paris, 2000, p.47.
[40] MICHEL QUESNEL-PHILIPPE GRUSON., *La Bible et sa culture*, P.48.

corporelle, le corps réalise l'homme dans la nature. Il lui sert de visibilité et d'épiphanisation. Avec lui, il est désormais un être incarné dans la nature. Il devient alors l'aspect somatique de l'homme. Signalons que le souffle et l'argile ou la glaise forment l'homme dans un tout et qui se comprennent par ***« l'esprit et le corps »*** qui sont deux principes distincts mais appelés à cohabiter harmonieusement. L'un ne peut désacraliser l'autre au risque de se réduire l'un à l'autre.

En fait, l'homme a été créé par Dieu en vue d'accomplir deux devoirs : transformer la nature et veiller explicitement sur elle. On a vu qu'il a été façonné juste après la nature. C'est une invitation vibrante à la responsabilité écologique dont il doit faire preuve durant toute son existence.

La nature a été créée uniquement par le Verbe divin ; tandis que l'homme a été façonné par les mains propres mains de Dieu. Ceci nous fait dire que l'homme devient un moindre qu'un dieu. Il est démiurge, capable de transformer la nature par sa raison, l'organiser logiquement, veiller sur elle afin qu'elle ne soit pas détruite. Pour ce, il devient le gardien par excellence de la nature. Il n'est pas aisé qu'il l'utilise abusivement au risque de tomber dans la crise écologique et faire disparaitre totalement d'autres espèces qui ne vivent qu'à partir de la forêt.

Dieu par sa prudence extrême, n'a pas voulu associer l'homme dans son architecture de la Création en créant le principe de distanciation divine pour que l'homme ne se targue pas, mais qu'il devienne un *co-créateur a priori.* **Joseph Ratzinger (le Pape Benoit XIV)** comme thuriféraire de la Théologie systématique pose sa sensibilité marquante à cette dimension de l'homme comme « gardien de la nature et non comme maitre de la nature. Cette tendance est née du modernisme où l'invention technologique pousse l'homme à vouloir prendre la place du Créateur »[41].

Par ailleurs, après avoir été au chantier scientifique pour refonder ontologiquement l'homme à l'aide des arguments bibliques, théologiques typiquement fondés, il sied de faire intervenir les arguments philosophiques cadrant avec le domaine écologique, pour reconfier cette responsabilité écologique à l'homme qui a été jadis piétinée. Comme la responsabilité implique la raison, la philosophie, puissions-nous être dans la logique de la vision

[41] Joseph RATZINGER, *Dogma und Verkündigung,* Freibung-München, Herder, 1973, p.1.

pragmatique (mathématique, humaniste, matérialiste) de la nature de Jürgen Habermas et celle de la métaphysique écologique de Hans Jonas.

IV.2. Les arguments philosophiques sur la responsabilité écologique de l'homme

❖ Jürgen HABERMAS et la vision pragmatique de la nature

La vision du monde que véhiculent les sciences de la nature est matérialiste, mathématique, technique et humaniste. Matérialiste, parce qu'elle affirme que seule la matière existe. Mathématique, parce qu'elle emprunte à cette science son sens de précision et de quantification. Technique, parce que, contrairement au savoir ancien _qui était spéculatif_ la science moderne est un savoir qui est dirigé dans ses structures mêmes vers les applications[42].

Selon le beau néologisme forgé par le philosophe Belge Gilbert Hottois, la science moderne est « technoscience »[43]. Technique parce que le projet scientifique s'affirme également comme un projet humaniste, qui cherche à améliorer le sort de l'homme. C'est Francis Bacon ; mieux que quiconque, qui a porté ce projet à son comble en assignant à la science la mission de dominer la nature et d'assurer à l'humanité la liberté et la prospérité. Pour notre rapport à la nature, la révolution épistémologique opérée à partir du XVIe siècle est lourde des conséquences. Elle écarte le présupposé théologique. Elle exclut la soumission à la transcendance et ramène les phénomènes naturels au rang « d'objets » axiologiquement neutres, c'est-à-dire, privés de valeur morale. Le déterminisme, élevé au rang de principe directeur du savoir, affirme que la nature est gouvernée par une quantité vraiment connaissable. D'où pour comprendre les phénomènes qui s'y produisent, seule l'explication causale reste valable. Dès lors puisque la nature s'explique à partir de ses rapports internes, c'est-à-dire, selon le principe de causalité, aucune intervention extérieure, subjective ou transcendante, n'a cours dans l'explication des phénomènes naturels[44]. Ceci fait son atterrissage dans la philosophie écologique de Hans Jonas sur le principe responsabilité de l'homme face à la nature, à l'écologie. Rappelons que Hans Jonas est classé parmi les philosophes dont la rationalité s'est basée sur la nouvelle vision écologique du monde. Il est un grand prédicateur de la conservation écologique dans le cosmos contemporain. Sondons sa

---

[42] Jürgen HABERMAS, *Théorie et pratique,* traduit de l'allemand par Gérard Raulet, vol 1, Paris, Payot, « Critique de la politique », 1975, p.

[43] Gilbert HOTTOIS, *Le signe et la technique. La philosophie à l'épreuve de la technique,* Paris, Aubier-Montaigne, Coll. « Res-L' invention philosophique » 1984.

[44] René NGAMBELE NSASAY dans Bernard FANSAKA BINIAMA, *Ecologie, traditions africaines et développement, enjeux environnementaux en Afrique subsaharienne*, Paris, KARTHALA, 2015, pp. 296-297.

pensée développée avec consistance et avec taille par le Professeur René **Ngambele Nsasay,** Prêtre du Diocèse de Kenge.

❖ Hans JONAS et la métaphysique écologique

Hans Jonas n'est peut-être pas le père de l'écologie, mais il en est indiscutablement l'un des grands noms. Son appel à la résistance contre la dictature sournoise de la technoscience et du consumérisme l'a hissé définitivement au nombre des ardents défenseurs de la cause de la nature. Sa thèse part du constat selon lequel la promesse de la technique moderne d'assurer à l'homme les conditions du bonheur et de la liberté s'est inversée en une menace de catastrophe. Celle-ci pourrait conduire jusqu'à l'extinction de la planète et de l'espèce humaine, si l'on n'y prend garde. Ce que Hans Jonas récuse, ce n'est pas l'idée que l'humanité puisse disparaitre un jour, comme bien des espèces avant d'elle, mais que pareille éventualité ne se produise par le fait de l'homme. Selon lui, nous avons besoin d'une nouvelle éthique capable de réfréner l'engrenage mortifère de la technique et de garantir à l'humanité sa pérennité ; les éthiques traditionnelles s'étant avérées inaptes à gérer la nouveauté essentielle introduite dans l'agir par la technique. Nous avons besoin d'une nouvelle métaphysique de l'être au centre de laquelle la place de l'homme dans le cosmos et sa relation vis-à-vis de la nature sont repensées. Dans une étude consacrée au « phénomène de la vie[45] », Jonas a une lecture du registre biologique qui réclame l'unité psychophysique de la vie : « c'est le phénomène même de la vie qui nie les frontières qui partagent habituellement nos disciplines et leurs champs[46] », écrit-il. Le corps et l'esprit étant en fait intégrés dans le mystère du corps vivant, il récuse tout autant les monismes réducteurs que les dualismes de tous bords. Jonas s'inscrit en faux contre l'axiome métaphysique moderne de la séparation de la matière et de l'esprit, de l'homme et de la nature, en montrant que la liberté, dont l'homme moderne revendique l'exclusivité, est en fait déjà présente dans le phénomène du métabolisme qui est l'œuvre dans la matière[47]. ***L'éthique responsabilité***[48] que Jonas propose est la dimension à long terme de l'agir technologique. Elle prend en compte non seulement le bien de l'homme contemporain, mais aussi les intérêts des générations futures, et même de la nature muette. Pour fonder cette responsabilité inédite, Jonas s'appuie sur trois idées forces

---

[45] Hans JONAS, *Le phénomène de la vie. Vers une biologie philosophique,* traduit en anglais par Danielle Lories, Bruxelles, De Boeck Université, 2001.

[46] Danielle LORIES, « Avant-propos » à Hans JONAS, *PhV,* p. 10.

[47] Hans JONAS, *Puissance ou impuissance de la subjectivité ? Le problème psychophysique aux avant-postes du Principe responsabilité,* trad. de C. Arnsperger, revue et présentée par N. Frogneux, Paris, Cerf, 2000.

[48] Hans JONAS, *Le Principe Responsabilité. Une éthique pour la civilisation technologique,* Les Editions du Cerf, Paris, 1990.

qui bouleversent notre conception de la responsabilité, ordinairement liée aux concepts d'imputabilité et réciprocité. Si l'homme est obligé à l'égard de la nature et parfois durablement, mais aussi parce que la nature a une dignité propre qui doit être reconnue, et que l'homme est parmi tous les êtres le seul qui soit doté de la capacité d'entendre l'appel silencieux de la nature malmenée. L'intérêt de l'analyse jonasienne pour notre propos tient au fait qu'elle fonde la responsabilité, c'est-à-dire, dans l'être de l'homme et dans l'être de la nature, et non l'utilité de la possession. En cela Jonas se démarque nettement des conceptions religieuses, éthiques et juridiques traditionnelles, qui en commun d'être anthropocentristes, et rivées sur le présent. Il se rapproche plutôt des traditions africaines, qui reconnaissent la dignité autonome de la nature tout en soulignant la solidarité intrinsèque de destin entre l'homme et la nature qui ne voit que c'est dans cette direction qu'il faut aller pour donner une crédibilité au discours écologique et une force à l'action des défenseurs du droit de la nature[49] ?

[49] René NGAMBELE NSASAY dans Bernard FANSAKA BINIAMA, *Ecologie, traditions africaines et développement, enjeux environnementaux en Afrique subsaharienne*, Paris, KARTHALA, 2015, pp. 299-300-301.

CONCLUSION GENERALE

Nous voici au terme de notre investigation scientifique sur la forêt dans la conception africaine qui est un véritable sacerdoce écologique. Le mot ***« sacerdoce »*** peut interrompre la compréhension bien sûr en l'entendant, mais sachons que le mot français peut se définir et se comprendre en plusieurs sens. Pour en expliciter, nous dirons que le mot ***« sacerdoce »*** se définit et se comprend dans notre travail comme « ***vocation, utilité*** d'une façon figurée». Ainsi donc, la forêt dans la conception africaine devient très utile pour l'écologie.

Parcourant ce champ scientifique aux méthodes analytique et herméneutique, il est transparent qu'on puisse le comprendre sous-forme d'un procès juridique que l'auteur élabore pour défendre les intérêts des thérapeutes africains qui subissent des coups bas dans la civilisation africaine actuelle. Il les a désignés par les écologistes et les forestiers de la première heure. D'autant plus que leur logique thérapeutique, clinique est d'abord spatiale qui sous-entend la forêt, classée parmi les espaces sacramentaux non susceptibles pour la destruction et la désacralisation de la part de l'homme.

Dans le corpus du travail, nous avons exhibé avec beaucoup plus de profondeurs et de consistances intellectuelles, l'indispensabilité que porte la forêt dans le contexte africain de prime abord et de la diaspora en derechef. Elle parait très serviable à l'homme dans tous les domaines de sa vie (spirituel, éducationnel, culinaire, anthropologique, thérapeutique,…). Et aujourd'hui, son cri de détresse retentit partout dans le monde et surtout à Kinshasa, un cimetière écologique, concernant la torture perpétuelle avec les coups de machettes, la perte de sa virginité, et tant d'autres catastrophes que nous lui adressons.

Hans Jonas accompagné de sa métaphysique écologique, nous a imbibés dans la rigueur rationnelle avec sa méthodologie sur la nature capable de transformer l'homme et lui faire un vaillant responsable écologique. Il n'est pas le seul qu'on se le dise, à côté de sa pertinence scientifique, nous avons de même les arguments biblique et de la Théologie systématique de **Joseph Ratzinger (le Pape Benoit XVI**) qui nous ont aidés à refonder ontologiquement l'homme en vue de lui redonner cette responsabilité écologique donnée par le Créateur de toutes choses qui est Dieu.

Enfin, pour actualiser notre champ de réflexion, nous proposons ceci :

- Que l'homme Africain, Congolais puisse revoir sa relation parfaite avec la forêt en vue d'éviter les catastrophes naturelles qui se produisent actuellement dans notre pays la RDC : cas de la pluie diluvienne à *Matadi Kibala* dans la commune de Mont-Ngafula.

- Que les thérapeutes africains, les écologistes ou forestiers de la première heure, puissent restaurer leurs qualités en essayant d'être sensibles à la vie de la forêt : nous voulons dire ceci : en cas de l'exercice thérapeutique, il est préférable de remplacer une plante dont nous nous servis pour soigner les patients. Ils ne sont pas là seulement pour soigner le corps mais aussi l'âme et l'esprit par les techniques liées aux conseils avisés en concomitance avec les méthodes écologiques.
- Cessons de torturer nos forêts africaines avec les coups de machette à maintes reprises et conservons tant soit peu leur état de pureté (virginité) en vue de faciliter la meilleure vie aux autres espèces naturelles.

Qu'il se soit fait selon votre volonté mais…

Table des matières

Printed by Books on Demand GmbH, Norderstedt / Germany